QUE DESIRE-T-ON

DES ÉLECTEURS

EN L'ANNÉE 1817?

DE L'IMPRIMERIE DE DOUBLET.

QUE DESIRE-T-ON

DES ÉLECTEURS

EN L'ANNÉE 1817?

PAR F. BERNHARD.

Utere, non abutere.

A PARIS.

Chez PLANCHER, Libraire, Editeur des Œuvres de
Voltaire, en 35 volumes in-12, et du Manuel des
Braves, rue Poupée, nº. 7.
DELAUNAY, Libraire, au Palais-Royal.

1817.

QUE DESIRE-T-ON,

DES ÉLECTEURS

EN L'ANNÉE 1817?

wwwwwwwwww

LES peuples en Europe ne veulent plus obéir à des lois arbitraires ; ils demandent des lois fondamentales : ils ont appris par l'histoire de la révolution française que le véritable but de l'existence des Gouvernemens ne peut être atteint que par une constitution sagement combinée, source exclusive de toutes les lois et de toutes *les ordonnances* ; ils ont appris que l'exécution fidèle d'un pacte pareil, entre le souverain et la nation, ne peut être surveillée assez rigoureusement, et que la représentation nationale est le seul moyen préservatif contre la corruption, qui avec le temps se glisse partout : mais nos voisins manquent d'expérience ; et la France, après avoir acquis tous les genres de gloire, semble être destinée à servir encore de modèle dans son organisation et sa conduite politiques. Les princes souverains qui, en 1814, dans une proclamation signée par l'empereur Alexandre, ont invité la nation Française à se donner une *constitution forte et libérale*, pressés aujourd'hui par leurs propres sujets à leur donner aussi des institutions conformes à la raison et à l'esprit du temps, observent quel usage, quelle application, cette nation fera des lois fondamentales qu'elle a reçues de son Souverain, et le sort de la liberté en Europe, dépendra encore une fois de la France.

L'application de la nouvelle loi sur les élections est un des événemens les plus importans dans les annales de la politique : c'est par cette loi que la charte constitutionnelle commence véritablement à être mise à exécution ; elle renverse la barrière entre l'aristocratie naturelle et l'aristocratie artificielle ; les priviléges des titres disparaissent devant les droits égaux de tous les citoyens qui ont les qualités requises, pour être Electeurs ; et par elle, le Souverain devient véritablement le Roi de tous les Français et de toutes les opinions.

Les hommes que le suffrage de la nation désignera pour être ses représentans, seront les premiers ouvriers élus d'après lés formes prescrites par la charte, qui auront l'honneur d'élever l'édi-

fice constitutionnel d'après le plan dicté par la sagesse du Monarque.

On est pénétré de l'importance de la tâche que
les Electeurs ont à remplir, quand on pense sur-
tout à son influence sur notre avenir.

Tâchons d'esquisser en peu de lignes un aperçu
de notre situation politique et des dispositions
qu'elle doit inspirer aux Electeurs.

Une révolution longue et pénible qui a fait pas-
ser la France successivement par toutes les épreuves
auxquelles l'intrigue et le despotisme peuvent ex-
poser une nation, nous a appris à la vérité quels
avantages nous pouvons tirer de la richesse de nos
moyens; elle nous a conduits vers un systême politique plus propre à la condition humaine ; mais elle
est devenue aussi la source d'une innombrable quan-
tité d'abus, d'institutions, et de lois vicieuses (1),
véritables auxiliaires de l'immoralité et du despotisme ; cependant leur abolition soudaine réduirait
non-seulement une nombreuse partie de citoyens

____

(1) Les droits réunis, le monopole de la fabrication
des tabacs, la loterie, les jeux publics qui engagent les
citoyens à s'exercer dans la fraude ; ce qui ne doit être,
en aucun pays le but des gouvernemens.

à la mendicité, mais menacerait peut-être même la liberté de notre ordre social.

Si quelques esprits prévenus pouvaient se faire illusion sur cet ordre de choses, que nos représentations antécédentes n'ont pu changer encore, qu'on se rappelle le principe énoncé sans pudeur, par un Ministre-d'état alors fort influant : « Le » gouvernement, disait-il, doit s'emparer de toutes » les branches de l'industrie et du commerce, afin » de pouvoir disposer de toutes les fortunes et de » toutes les personnes ». Toutes les institutions tendantes vers ce but ont influé momentanément sur les sentimens nobles du Français ; elles lui ont donné une teinte d'égoïsme, étranger au caractère national : vainqueur sur le champ de bataille, et esclave en France, le champ de bataille devait naturellement devenir sa véritable patrie, et la guerre, son occupation favorite ; l'industrie et le commerce étant en partie exercés par le Gouvernement, en partie paralysées par des prohibitions, une classe nombreuse de citoyens n'avait d'autre ressource que celle des faveurs et des places. Il en résulta que la masse de ceux que la classe industrieuse était obligée de salarier pour jouir avec quelque apparence de sûreté de ses propriétés et des fruits de son travail, n'était plus dans aucune proportion; que le Gouvernement coûtait trop cher et que sa perte devint inévitable. Cette malheureuse disposition de faire vivre un trop grand nombre de citoyens aux dépens de la nation, cette avidité d'obtenir des pensions et des places, consolons-nous, n'existe pas seulement en France; une fausse politique a répandu ce mal destructeur presque dans tous les états de l'Europe, et nous avons du moins le bonheur de pouvoir l'extirper entièrement par des réformes successives, que le Gouvernement pourra opérer sans secousse, au moyen de la représentation nationale.

La machine administrative sous le dernier Gouvernement en France, se composait d'un ensemble de rouages tellement compliqués, qu'en arrêtant une seule roue, il n'y avait plus moyen de faire marcher les autres; le despotisme le plus exécrable contre la pensée dite ou écrite, les commissions militaires, la terreur lui étaient indispensables, et puisque depuis cette époque la mer orageuse sur laquelle le monarque et ses ministres ont été obligés de gouverner le vaisseau de l'état, n'a pas été encore assez tranquille pour pouvoir s'occuper des réformes nécessaires, on a été sans doute obligé de conserver tout cet appareil despotique pour éviter le naufrage.

La loi sur les élections est un appel à la nation de jouir désormais de tous les droits qu'elle tient de son monarque, et de veiller elle-même par ses représentans à ce que la charte constitutionnelle, qui consacre également l'inviolabilité du souverain et la liberté des citoyens, ne soit paralysée par aucune loi d'exception. La Nation française doit prouver aux puissances de l'Europe, que ce pacte précieux est sacré pour les parties qui l'ont contracté. La volonté qu'elle manifestera de le voir mis à exécution pleine et entière, sera la preuve la plus incontestable de son attachement pour le Roi, qui ne peut l'avoir concédé que dans l'intention qu'il soit suivi; l'exécution de ce pacte rendra inutile la présence des troupes étrangères, et les Souverains qui ne les ont laissées jusqu'à présent sur le territoire français que pour empêcher le nouveau rétablissement de la tyrannie, n'auront plus de prétexte de nous charger de l'entretien de ces troupes. Les nations voisines respecteront le courage des défenseurs de notre liberté légitime, comme ils estiment la valeur de nos guerriers; et leurs Princes peut-être seront-ils assez généreux pour modifier les réclamations des sommes, qui en grande partie, ne sont pas sorties de leurs états, quoiqu'ayant changé de propriétaires par le sort de la guerre, en voyant que les Français n'ont pas combattu par vanité et pour un simple fantôme,

En considérant la situation de la France, nous voyons qu'elle gémit encore sous le poids de toutes les institutions enfantées par le despotisme ; mais gardons nous d'en accuser son Gouvernement actuel : nous ne pouvions jouir du bienfait de la charte, puisque aucune loi n'avait encore réglé ni le mouvement ni la qualité des premiers élémens du système constitutionel : la meilleure des constitions politiques, que peut combiner la sagesse humaine, n'est qu'un misérable morceau de papier, si les principes qu'elle renferme ne sont appliqués à la législation, et observés rigoureusement. Le despotisme nous a donné d'excellentes lois sur la liberté de la presse, mais la manière dont ces lois ont été interprètées, a forcé les libraires et les auteurs à solliciter, à grands cris, l'établissement de la censure ; un exposé pompeux des droits de l'homme précédait nos constitutions, tandis qu'une simple dénonciation conduisait dans les cachots, sans jugement, quiconque avait le malheur d'être soupçonné d'une opinion contraire à celle des gouvernans ; on promit à l'industrie et au commerce la plus haute protection ; et le Gouvernement, qui, en principe, ne doit être ni propriétaire, ni exercer aucune branche d'industrie, dépouilla les citoyens des moyens de leur existence, et s'empara du commerce et des fabrications qui étaient à sa convenance. Ces citations que nous pourrions multiplier, prouvent, ce semble, à l'évidence, que le bonheur de la Nation repose plus encore sur le contrôle de l'exécution des lois existantes, que sur la confection de ces mêmes lois. Tout dans l'univers, hors Dieu et le Roi, en tant que les agens de ce dernier sont responsables, est soumis, sans aucune exception, à un contrôle : celui qui craint de s'y soumettre, et ceux qui doivent s'en charger et qui le négligent, rendent également leur probité très-suspecte. Ce contrôle se règle et s'exerce en partie par les représentans de la Nation; mais puisque la Nation française n'a pas eu jusqu'à présent des Députés indépendans du Gouvernement, (c'est-à-dire des hommes qui n'envisagent dans l'exercice de leurs fonctions, autre chose que le bien être de leur patrie, qui ne recherchent ni les faveurs ni les louanges d'aucun parti), l'observation de ses droits et de ses libertés, et la conduite des agens du pouvoir n'ont pas été contrôlés, et les lois fondamentales ont pu être remplacées par des lois d'exception. Mais accuserons-nous les assemblées législatives de cette indolence ? ne faut-il pas l'attribuer à la part que prenait le Gouvernement, tant à la composition qu'à l'action de ces corps représentatifs ? S'il en est ainsi, rendons grâces au Roi et à ces Ministres de nous avoir donné cette loi des élections, qui nous garantit que successivement et à mesure, que par elle se réorganisera la Chambre entière des représentans, toute la législation française sera aussi adaptée aux principes de la charte constitutionnelle. Vouloir jouir tout-à-coup de ce pacte solennel dans toute son étendue, c'était demander une chose impossible, c'était invoquer non pas une sage réforme, mais une destruction de tout ce qui existe. L'exécution de la charte, nous le répétons, commence par les élections qui vont se faire. Si les Electeurs choisissent, comme nous n'en doutons pas, des hommes éclairés et probes, bien pénétrés de l'importance de leurs fonctions, ils écarteront toute prétention particulière qui voudrait se placer entre le trône et la Nation ; les lois d'exception seront abolies comme inutiles et dangereuses, et la réforme des impositions onéreuses et des dépenses honteuses qui insultent à une Nation libre, et qui enlèvent à l'homme industrieux les fruits de son labeur, aura lieu sans léser les intérêts d'aucune classe de citoyens.

Nous avons osé avouer franchement que nous ne jouissons pas encore des bienfaits, que nous tenons du Roi ; que les lois d'exception ont rendu illusoires la liberté de la presse et la liberté individuelle; que des Commissions militaires, sous le nom de Cours prévôtales, odieuses par cela même qu'il n'y a point d'appel de leurs arrêts, continuent à juger des Français prévenus de crimes. Nous n'avons pas dissimulé que les dépenses et les impôts ne sont point proportionnés aux moyens et à l'étendue de la France; mais nous sommes loin d'accuser le Gouvernement de ces maux, puisque nous trouvons dans cette liberté de choisir pour représentans des hommes qui ne sont pas sous l'influence du pouvoir, la preuve la plus évidente que le Gouvernement désire que les véritables sentimens des Français se prononcent enfin, et qu'il se sent assez fort de l'amour de la nation, pour pouvoir désormais consolider tous les avantages que la France doit recueillir de la restauration de la monarchie.

La tâche des Électeurs, sur-tout de nommer aujourd'hui des Représentans qui ne rendront hommage qu'à la vérité dans leurs discussions; qui ne reconnaîtront d'autres lois que celles qui s'accorderont, dans tous les points, avec l'esprit et les principes de la Charte, et qui se maintiendront toujours également indépendans des préjugés de la révolution et des institutions abolies; cette tâche, disons-nous, paraît d'abord très-difficile.

Elle l'est en effet, car la *probité politique* est partout plus rare à trouver que les connaissances politiques; mais néanmoins la France n'est pas si pauvre en hommes estimables. Il nous semble que les Electeurs de cette année (jusqu'à ce qu'un perfectionnement possible de la loi des élections les mette à même de fixer plusieurs mois d'avance leur opinion sur le véritable mérite des candidats aux fonctions représentatives), confieront ces intérêts précieux de l'état, de préférence à des hommes, qui jouissant d'une fortune indépendante, ne doivent point cette aisance aux bénéfices et aux faveurs d'aucun des Gouvernemens qui se sont succédés en France. Il est moins urgent de composer une assemblée législative d'orateurs brillans, que d'hommes probes et intelligens, familiarisés avec les besoins de l'état et capables d'exprimer leur pensée sans ornemens. Comme les maux qui pèsent sur la France sont assez sentis par messieurs les Electeurs, leur choix se dirigera sur des hommes qui connaissent les matières qui doivent être discutées. Si d'un côté, il serait injuste de vouloir exclure du droit de la représentation une classe quelconque de citoyens; ils réfléchiront aussi que des préventions établies exigent quelquefois un sacrifice momentané, et que la confiance de la Nation dans ses représentans, est la base fondamentale du système représentatif, seul et unique appui de la charte et du trône.

Quelques libres que puissent être de toute influence les élections prochaines et futures, elles produiront toujours une opposition dans l'assemblée représentative, et félicitons-nous en d'avance, car cette opposition même est un sûr garant que le bien qui naîtra de ses discussions, gagnera de force et de solidité par la résistance : mais espérons que messieurs les Electeurs nommeront des hommes pénétrés du sentiment de la dignité de leurs fonctions.

La probité politique, l'indépendance des préjugés ; des opinions et des connaissances simples, mais solides, seront ainsi les qualités principales qui fixeront le choix de messieurs les Electeurs. Avec une assemblée représentative composée de pareils élémens, nous devons acquérir la véritable liberté et le bonheur, nous concilier l'estime des états voisins, et remplir le vœu que le Roi a formellement exprimé dans la charte.

FIN.